Der kleinste Engel von allen

Hilde Kähler-Timm wurde 1947 in einem Dorf bei Rendsburg in Holstein geboren. Sie wuchs mit fünf Geschwistern zusammen auf; dazu mit Eltern, Großeltern und vielen Tieren. Schon als Kind begeisterte sie sich für die Welt der Bücher. Nach einer Ausbildung zur Diplom-Bibliothekarin studierte sie Germanistik und Kunstgeschichte und arbeitete in wissenschaftlichen Bibliotheken. Daneben schrieb sie Kinder- und Jugendbücher für verschiedene Altersstufen; in den letzten Jahren auch literaturwissenschaftliche Texte und Haiku-Gedichte. Hilde Kähler-Timm lebt in Travemünde an der Ostsee.

Barbara Korthues, geboren 1971, studierte Visuelle Kommunikation an der Fachhochschule Münster und Freie Malerei an der Kunstakademie Münster. Bereits während ihres Studiums begann sie, für verschiedene Kinder- und Jugendbuchverlage zu arbeiten. Seither erleben ihre liebevoll gestalteten Figuren viele aufregende Abenteuer, die im In- und Ausland publiziert werden.

Mehr über unsere Bücher, Autor:innen und Illustrator:innen auf:
www.thienemann.de

DER KLEINSTE ENGEL VON ALLEN

Hilde Kähler-Timm

Mit farbigen Bildern
von Barbara Korthues

GABRIEL

Er war der kleinste Engel von allen.

Er stand ganz vorne vor den anderen und jubilierte aus voller Kehle. Allerdings sang er die meiste Zeit so etwas wie »*da, da, da*«, denn Liedtexte konnte er nur schwer behalten. Frau Hall, die Chorleiterin, funkelte ihn hin und wieder böse an, aber das kümmerte ihn nicht. Seine Stimme war wie eine helle Trommel, die den Takt zum Gesang schlug.

Er sang und war glücklich. Nur manchmal verlor er den Rhythmus, wenn Polly Puttfarken, der zweitkleinste Engel, ihn heimlich von hinten kniff. Unter seinem blütenweißen Gewand guckten seine Turnschuhe hervor, auf denen in Orange *Arizona* stand.

Das Gewand war genau genommen ein abgelegtes Nachthemd, aber Engel tragen keine Nachthemden. Jedes locker fallende Kleidungsstück, das sie an ihren himmlischen Körper legen, wird zum Gewand. Selbst wenn sie Pulli und Jeans darunter anhaben und ihre

Haare stoppelig sind und sich nicht wie Mädchen-
locken kringeln.

Er war der einzige Jungenengel im ganzen Chor. Vor
den Chorproben hatten seine Fußballfreunde ihn aus-
gelacht. »Engel sind doch Mädchen!«

Aber sein Vater sagte, das stimme nicht. Die Klug-
heit seines Vaters war noch größer als die Brille, die er
auf der Nase trug. Wie eine alte Eule, so klug war er.
Er las und tippte und löste den ganzen Tag am Com-
puter Probleme.

»Die Höchsten der Engel«, erklärte sein Vater, »sind
die Erzengel. Die berühmtesten von ihnen heißen
Rafael, Gabriel und Michael. Pass genau
auf: Sie heißen nicht etwa
Rafaela oder Gabriele

oder Michaela. Sie sind
Boten des Himmels, stark
und mächtig, hilfreich und gut,
und sie sind alle drei Männer.«

Damit wandte sein Vater sich wieder dem Bildschirm zu und legte die Finger auf die Tastatur. Das bedeutete, dass es nun nichts mehr zu erklären gab.

Der Junge, der gern ein solch himmlischer Bote werden wollte, fragte trotzdem: »Was haben sie denn an?«

»Gewänder«, brummte sein Vater. »Und sie haben natürlich Flügel. Denn sonst könnten sie ja nicht vom Himmel zur Erde herabkommen.«

Dann sagte er noch, jetzt müsse Ruhe herrschen. Er sei dabei, ein wichtiges Problem zu lösen. Es war bestimmt nicht leicht, sich immer ganz allein mit allen Problemen der Welt zu beschäftigen.

Wie aber kann sich ein kleiner Junge in einen Engel verwandeln? Woher soll er ein Gewand bekommen? Seine Mutter war, wie es öfter geschah, verreist. Im Augenblick befand sie sich auf einer Kreuzfahrt in der

7

Karibik. Ab und zu schrieb sie eine bunte Karte mit Strand und Palmen darauf oder schickte eine E-Mail, dass er auf sich aufpassen und ordentlich Hausaufgaben machen solle und dass sie bald wieder da sein werde. Doch wann genau, das schrieb sie nicht.

Der Junge seufzte. Er rieb seine Nase und überlegte.

»Weiß«, hatte Frau Hall gesagt. »Ich will euch zum Konzert in der Kirche alle ganz in Weiß sehen!«

Er brauchte also ein weißes Gewand, das stand fest. Bei der Suche im Kleiderschrank fand er viele Sachen mit bunten Aufdrucken. Aber es war nichts dabei, das wie ein Gewand aussah. Schließlich probierte er seine beste helle Hose und seinen weißen Pullover mit der kleinen Schildkröte an und stellte sich vor den Spiegel. Er sah aus, als wäre er zum Geburtstag eingeladen. Doch wie ein Engel sah er ganz bestimmt nicht aus.

Als Nächstes zog er den weißen Seidenpyjama seiner Mutter an. Die Ärmel fielen ihm über die Hände und die Hosenbeine schleiften hinter ihm her; wenn er »huhu« gemacht hätte, wäre er ein gutes Gespenst gewesen. Aber von einer Ähnlichkeit mit einem Engel keine Spur.

Da fiel ihm zum Glück Tante Mila ein, seine Großtante, die nur ein paar Häuser weiter wohnte. Tante Mila war sehr alt und winzig und dürr wie ein Tannenbäumchen ohne Nadeln, oder vielmehr mit nur drei Nadeln, denn an ihrem Kinn wuchsen drei dunkle Barthaare. Und ihre Nase tropfte, als würden in einem fort Regentropfen von dem Bäumchen herabfallen.

»Ist deine Mutter noch nicht zurück?«, fragte sie. »Ich für meinen Teil hätte keine Lust, in die Karibik zu fahren. Ich habe gehört, es gibt dort Affen, die in den Palmen rumklettern und einem Kokosnüsse auf den Kopf werfen.«

Sie humpelte zu der Kleidertruhe neben ihrem Sofa und öffnete sie.

»Oje«, stöhnte sie, während sie darin herumwühlte. »Wo ist denn bloß mein Hochzeitsnachthemd geblieben?«

Endlich grub sie es von ganz unten hervor und hielt es gegen das Licht. Eine trockene Spinne fiel heraus, doch die alte Frau wischte sie einfach mit dem Fuß weg. Trotz der vielen Knitterfalten sah man gleich, dass es ein wunderschönes Hemd war. Es hatte überall Stickereien und eine Rüsche um den Hals. Und es schimmerte so weiß wie Pflaumenblüten im Frühling.

Als der Junge es überstreifte, wurde es sofort zu einem Gewand, das ihn wie durch Zauberei von einem strubbeligen Rotzlöffel in einen Engel des Himmels verwandelte. Tante Mila steckte es enger um ihn herum, denn früher war sie etwas fülliger gewesen. Manchmal stach sie ihn dabei aus Versehen, aber Engel können viel ertragen.

Am nächsten Tag war alles fertig. Gewaschen, gebügelt und in Form genäht hatte sich das alte Nachthemd in das allerbeste Engelsgewand verwandelt, das man sich nur vorstellen kann. Der einzige Fehler bestand darin, dass es so zart wie ein Hauch war. Man konnte alles sehen, was darunter getragen wurde.

»Du musst helle Sachen dazu anziehen, die nicht durchsichtig sind«, schlug Tante Mila vor und putzte sich wieder einmal die Nase.

Flügel besaß sie leider nicht. Aber sie hatte zwei Gänsefedern, mit denen sich ihre Ururgroßeltern

früher Liebesbriefe geschrieben hatten. Die Federn befestigte sie hinten am Gewand.

Danach musste sie sich aufs Sofa legen, weil sie so viel gearbeitet hatte. Tante Mila wohnte fast nur auf ihrem Sofa. Sogar den Kühlschrank hatte sie sich ans Kopfende gestellt und den Herd ans Fußende. Sie war eine sehr praktische alte Frau.

»Nun flieg davon, kleiner Engel«, krächzte sie und winkte mit dem feuchten Taschentuch hinter ihm her.

Und der Junge, aus dem im Handumdrehen ein

Engel geworden war, schwebte davon. Der Saum des himmlischen Gewandes wehte wie eine zarte Fahne hinter ihm her.

Der kleine Engel sauste aufgeregt ins Arbeitszimmer seines Vaters. Es dauerte eine Weile, bis der den Blick vom Atlas hob, in dem er gerade die Seite *Karibik* aufgeschlagen hatte.

»Ah«, machte er. »Guck an! Du hast Tante Milas Hochzeitsnachthemd bekommen. Als ich jung war, hat sie's mir auch geliehen. Übrigens war ich zu meiner Zeit der kleinste Engel von allen.«

Er betrachtete seinen Sohn noch einmal sorgfältig durch die Eulenbrille.

»Ich kann dir nur raten, nicht zu viel zu essen, sonst wirst du zu groß«, sagte er und starrte wieder in den Atlas. »Und jetzt muss ich die Entfernungen zwischen den Inseln der Karibik berechnen. Die Angaben im Internet sind nicht in Ordnung. Was die Leute einem immer für Arbeit machen müssen ...«

»Vergiss nicht, dass morgen Nachmittag um fünf unsere Aufführung ist!«, rief der kleine Engel. Doch er war sich nicht sicher, ob sein Vater ihn überhaupt gehört hatte.

Er machte seine Hausaufgaben und achtete darauf, nur ein paar Kekse zu essen, auf die er dünn Nutella strich. Nachts träumte er davon, als Affe in einem weißen Gewand auf einer Palme zu hocken und mit Kokosnüssen auf Leute zu werfen.

Es war ein sehr schöner Traum.

Am nächsten Tag in der Schule wurde nach der Generalprobe festgestellt, wer nun wirklich der kleinste Engel war und deswegen ganz vorn stehen durfte. Polly Puttfarken behauptete, das sei sie, und ging mit eingeknickten Knien und einem Buckel umher, um möglichst winzig zu wirken.

In der Sporthalle maßen Frau Hall und Herr Recke, der Sportlehrer, die Chorkinder an einer Messlatte

ganz genau aus. Polly musste ihren Rock etwas hoch-
ziehen, damit man sehen konnte, ob sie die Knie gerade hielt, und Herr Recke drückte ihren Buckel weg.
Sie konnte nichts dagegen machen, dass der kleine
Engel genau zwei Zentimeter kleiner war als sie. Auch
wenn sie heulte, die Messlatte sei nicht in Ordnung
und sie selber sei morgens immer drei Zentimeter
größer als abends. Wahrscheinlich frühstückte sie einfach zu viel.

»Du bist Sieger nach Punkten«, sagte Herr Recke forsch und quetschte dem kleinsten Engel von allen die Hand. »Ein vorbildlicher Sportler, der die Regeln ernst nimmt.«

»Hoffentlich siehst du dir die Liedverse noch einmal an«, flüsterte Frau Hall. »Denk dran, dass alle auf dich schauen werden, wenn du ganz vorn stehst. Du wirst eine Art Vorsänger sein.«

Polly Puttfarken gratulierte natürlich nicht, sondern stieß hervor, so kleine Jungen seien nichts als mickerig. Beim Sprechen sah man ihre beiden neuesten Zahnlücken und der kleine Engel dachte bei sich: Schon deswegen ist es besser, dass sie hinter mir steht.

Zu Hause gab es keinen Vater, aber einen Zettel auf dem Tisch:

Bin in der Bibliothek, um Strömungen in
der Karibik genauer zu erforschen.
Cola neben Telefon, Burger auf Fensterbrett.
Nicht auf Teppich krümeln! Du kannst
unsere Mütze aufsetzen. V.

Außerdem war eine neue Postkarte da, die ein weißes Schiff auf knallblauen Wellen zeigte. Im Hintergrund sah man Palmwedel.

Hier ist es sehr heiß und das Essen ist gut.
Habe noch keine Affen gesehen. Komme bald-
möglichst wieder zurück. Gruß und Kuss, M.
PS. Passt du auch gut auf dich auf?

Der kleine Engel dachte darüber nach, was »baldmöglichst« genau heißen könnte. Dann holte er die Lupe vom Schreibtisch seines Vaters und untersuchte die Palmwedel. Es waren wirklich keine Affen darauf zu entdecken.

Nachdem er Zettel und Karte gelesen hatte, bekam der himmlische Bote Hunger. Leider konnte er ihn nicht unterdrücken, obwohl er auf keinen Fall wachsen durfte. Er trank Cola und aß beinahe ohne zu krümeln den Burger. Dabei las er noch einmal die Liedverse durch. Dann zog er seine helle Hose und den weißen Pullover an und darüber Tante Milas Nachthemd mit den Gänsefedern. Die Schildkröte auf dem Pulli schimmerte schwach hindurch. Er bürstete sich die Haare und gelte die Spitzen nach oben. Als er sich im Spiegel betrachtete, fand er, dass er ein großartiger Bote des Himmels sei.

Die Leuchtzahlen des Weckers neben dem Spiegel sprangen auf 16.00 Uhr. Der kleine Engel beschloss, sich jetzt schon auf den Weg zu machen.

Im selben Moment fiel ihm die Mütze ein.

Sein Vater hatte »unsere Mütze« geschrieben, weil sie ein Erbstück war und der ganzen Familie gemeinsam gehörte. Sie hatte ein Futter aus Fell und Ohrenklappen und war zum ersten Mal vor vielen Jahren von einem Vorfahren in irgendeinem Krieg getragen worden.

Jetzt lag sie neben dem Fernseher auf dem Boden, denn sein Vater setzte sie bei der Serie über den

Marsch zum Südpol gern auf. Auch
der kleine Engel benutzte sie für
Schneefilme. Seine Mutter trug
sie öfter beim Schlittschuhlaufen
und Tante Mila bekam sie geliehen, wenn sie Ohrenschmerzen hatte. Und am Weihnachtsabend wurde jedes
Mal gelost, wer die Mütze aufhaben durfte.

   Dem Engel war sie ein Stück zu groß. Sie rutschte ihm
in die Augen, sodass er gerade noch unter ihrem Rand
      hervorschielen konnte. Aber sie war schön warm.
            Genau wie der lange, rot-weiß geringelte
               Schal mit der Aufschrift *1. FC Super-
               ball*, den er sich erst um den
               Hals und dann vorne
               überkreuz um die
               Brust band.
            Jetzt noch die
      roten Handschuhe, und
er war für die Kälte prima
gerüstet, obwohl er wegen der

Gänsefedern keine Jacke anziehen konnte. Die weißen Turnschuhe behielt er an. Er mochte sie sehr und
sie besaßen dicke Riffelsohlen. Seine Mutter hatte sie
ihm vor ein paar Monaten aus Arizona mitgebracht.

Auf die Rückseite des Zettels schrieb er:

Bin schon losgeflogen. Vergess nicht,
um fümf ist Korkonzert.
Dein kleinster Engel fon allen
(kleiner als Polly).

Zuerst sauste der kleine Engel bei Tante Mila vorbei.
Obwohl er wie verrückt klingelte, machte ihm niemand
auf. Doch als zufällig ein Paketbote kam, konnte er mit
ihm in den Hausflur schlüpfen. Die Wohnungstür seiner Großtante stand wie gewöhnlich offen. Ziemlich
ungewöhnlich war jedoch, dass aus dem Wohnzimmer eine Zimtrauchwolke hervordrang. Dort lag die
alte Frau auf dem Sofa und schlief. Der Rauch kam aus
dem Backofen am Fußende.

Der himmlische Bote zog seine Handschuhe aus.
Er hielt sich einen davon vor den Mund und öffnete
vorsichtig die Klappe des Herdes. Auf dem Backblech
lagen eine Menge pechschwarzer Zimtsterne, die mit
ihren auseinandergelaufenen Strahlen wie winzige
Tintenfische aussahen. Einer fiel herunter und brann-
te einen dunklen Tintenfisch-Stern in Tante Milas
Hochzeitsnachthemd.

Der kleine Engel stellte den Backofen aus. Er rüt-
telte seine Großtante an den Schultern, doch sie pus-

tete nur in tiefem Schlummer. Dabei wehten ihre Barthärchen auf und ab und selbst im Schlaf hing ein Tropfen an ihrer Nasenspitze.

Neben einer Blumenvase lag Tante Milas Merktafel mit einem Stück Kreide. Darauf stand:

Heute Zimtsterne backen. Zimt nicht vergessen. Herd nicht vergessen!

Der Engel schrieb dazu:

Herd ist ausgestelt. Kommst du zu meiner Aufürung um fümf? Gruß, kleinster E. überhaubt

Die alte Standuhr in der Zimmerecke rasselte, nahm Schwung und schlug einmal dröhnend wie ein Gong. Das bedeutete: Es war jetzt Viertel nach vier.

Vor dem Haus stand Tante Milas Nachbar, Herr Kleister, mit seinem Terrier Knuff-Knuff. Der kleine Engel rief ihm im Vorbeifliegen zu, wohin es so eilig ging.

Doch da fing der Hund an zu bellen und raste hinter ihm her.

»Keine Angst, der will nur spielen, Prinzessin!«, brüllte Herr Kleister. »Bei Fuß, Knuffy!«

Der Terrier gehorchte leider nicht. Stattdessen schnappte er nach den Fersen des Himmelsboten und zerrte ihn am Nachthemd. Plötzlich ertönte ein hässliches *Ratsch*. Herr Kleister kam angerannt und kommandierte lautstark: »Sitz!«

Diesmal hörte Knuff-Knuff sofort. Zwischen seinen Zähnen hielt er ein Stück weißen Stoff.

»Er hat mein Gewand kaputt gemacht«, jammerte

der kleine Engel. »Um fünf muss ich mitsingen im Chor. Ich bin doch der kleinste Engel von allen und ein Junge und keine Prinzessin.«

»Bist ja auch gelaufen!«, brüllte Herr Kleister. Er hatte sich das Brüllen angewöhnt, damit sein Hund besser auf ihn hörte. »Wenn man läuft, will er einen jagen!«

Vorsichtig nahm er dem Terrier den Fetzen aus dem Maul.

»Brauchst dich nicht ärgern!«, trompetete er. »Ich kleb dir das!«

Aus der Hosentasche zog er eine Tube Alleskleber. Den trug er immer bei sich, um die Sachen zu reparieren, die sein Hund zerbissen hatte. Er stellte den Engel auf einen Poller und pappte den Stoffrest wieder da hin, wo er hingehörte.

»So! Alles paletti!«, brüllte Herr Kleister. »Ich halte Knuffchen fest! Sechs Minuten vor halb! Musst weiterfliegen!«

Und genau das machte der kleine Engel.

Im Dahinsausen spürte er ein leichtes Ziehen am linken Bein. Anscheinend hatte Herr Kleister das Nachthemd an dieser Stelle aus Versehen an der Hose festgeklebt.

Die Mütze hinderte den Engel daran, nach oben zu schauen, aber weiter unten gab es auch einiges zu entdecken. Er sah den Schneeregen um sein Gewand, die Füße anderer Menschen, Hundebeine – dann sprang er jedes Mal zur Seite –, Auto- und Fahrradreifen und einen Lichterbaum, der sich in einer Pfütze spiegelte.

Und trotz der Ohrenklappen hörte er auch eine Menge. Zum Beispiel das Hupen und Brausen des Verkehrs, die Weihnachtslieder, die ein Leierkastenmann vor dem Kino spielte, das Reden oder Telefonieren von Vorübergehenden.

Auf einmal vernahm er ein lautes Scheppern, das ihm bekannt vorkam. Es klang ungefähr so, als habe jemand mit einem Ball gegen ein Verkehrsschild geschossen. Gleich darauf sah er einen Fußball, weiß wie das Innere einer Kokosnuss, aus der Dunkelheit auf sich zurollen. Der kleine Engel stoppte ihn mit seinem rechten *Arizona*-Schuh, damit der Ball nicht den Radfahrer hinter ihm zu Fall brachte.

Als er die Mütze hochschob, standen im
Licht einer Laterne zwei seiner Fußballfreunde
vor ihm. Es waren genau die beiden, die gern auf
alles schossen, was Krach machte, besonders auf
Blecheimer.

»Schnapp den Ball!«, riefen die Fußballer. Das
war ihr Sportgruß. »Du siehst cool aus. Bist du ein
Eisbär?«

»Schnapp den Ball! Ich bin ein Engel. Ein Jungenengel. Das sieht man doch«, erklärte der kleine
Engel. »Heute ist unser Konzert!«

Seine Freunde betrachteten ihn von allen Seiten.

»Hinten ist ein Stück von deinem Nachthemd schief angeklebt«, bemerkten sie. »Daneben ist ein Loch.«

»Gewand heißt das«, sagte der Engel. »Und es macht nicht viel aus. Von hinten sehen mich sowieso nur Polly Puttfarken und die anderen vom Chor. Um fünf fangen wir an. Ich stehe ganz vorn in der Kirche. Wenn ihr wollt, könnt ihr auch kommen.«

»Wow!«, riefen seine Freunde bewundernd.

Aber sie fragten doch noch, ob man da sein Handy ausschalten müsse und ob es Popcorn oder Schokolade gebe. Weil er darauf keine Antworten wusste, schoss der kleine Engel den Ball so fest er konnte in die Höhe, natürlich mit dem Bein, an dem das Gewand nicht festklebte. Seine Freunde rannten zu der Stelle, wo der Ball wahrscheinlich runterkommen würde.

»Ball im Abseits!«, rief der Engel hinter ihnen her, denn das war ihr Fußballer-Abschiedsgruß.

Gerade wollte er seine Mütze fester aufsetzen und weitersausen, da entdeckte er zwischen Wolkenfetzen einen hellen Stern. Der Stern zwinkerte ihm zu. Ein bisschen zwar nur, aber ganz deutlich galt es ihm, dem kleinsten Himmelsboten von allen. Und der kleine Engel zwinkerte fröhlich zurück, genau so, wie man einem himmlischen Kollegen zublinzelt. Dann machte er sich eilig auf den Weg.

Schnell erreichte er die Innenstadt. Vorbei an Glitzerketten und Glühweinbuden ging es; durch Menschengewimmel hindurch schlüpfte er vorwärts. Wenn er sich beeilte, würde er gerade noch rechtzeitig ankommen. Die großen Zeiger am Bahnhof zeigten auf zwanzig vor fünf.

Doch was war das? Plötzlich wurde es dunkel um ihn herum. Er schob die Mütze hoch und bemerkte, dass er sich mitten in einem dichten Nadelwald befand, der von einigen Lampen angestrahlt wurde. Auf einmal kam ein enorm großer, enorm dicker Kerl im Weihnachtsmann-Kostüm aus dem Dickicht gestapft.

Der Dicke brummte: »Nanu, wen haben wir denn da? Aha, einen Holzfäller, das sehe ich an deiner Mütze und deinem Schal.«

»Ich bin ein Engel! Der kleinste von allen«, rief der himmlische Bote entrüstet. »Ich trag doch ein Gewand und Federn zum Fliegen!«

Aber der verkleidete Weihnachtsmann hatte wohl den Watterand seiner Zipfelmütze über den Ohren.

»Hilf mir mal, Holzfäller«, sagte er mit seiner tiefen Stimme. »Wir müssen die Superfichte hier ans Licht tragen, damit sie gekauft wird. Du musst dich nur unter die Spitze stellen und anheben.«

Und damit kippte er schon einen Riesentannenbaum um und schulterte den Stamm ächzend.

»Hepp, Holzfäller!«, kommandierte er.

»En-gel!«, rief der kleine Engel laut. »Und ich muss um fünf –«

Aber der Weihnachtsmann

machte noch lauter: »Hepp!«, sodass der Engel die Spitze des großen Baumes auf seine Schulter nahm. Leider knickte dabei eine der Gänsefedern um. An dem Gepikse in seinen Handflächen merkte er, dass er die roten Handschuhe bei Tante Mila liegen gelassen hatte. Die Tannennadeln stachen ihm ins Gesicht und ein Zweig riss ihm die Mütze vom Kopf.

Verzweifelt folgte der kleine Engel den gewaltigen Stiefeln vor ihm. Sie kamen aus dem Wald heraus bis zu einem Gitter, gegen das der Dicke die Tanne lehnte.

»Super gemacht«, lobte er. »Hab ich das vorhin richtig verstanden, dass du der kleinste Engel von allen bist?«

Der himmlische Bote nickte, wobei ihm ein Tannenzweig vom Kopf fiel.

»Oh, das passt ja gut«, sagte der Mann und lachte in seinen Wattebart. »Ich bin nämlich der größte und dickste Weihnachtsmann von allen.« Aus seinen Manteltaschen kramte er ein paar bunte Schoko-Ostereier hervor und bot dem überraschten Engel welche an.

»Danke«, murmelte der schüchtern, »aber wenn ich

zu viel esse, wachse ich und bin nicht mehr klein genug.«

»Ostereier kannst du problemlos naschen«, sagte der Dicke. »Sie enthalten viel Zucker, das hindert Kinder am Wachsen.«

So saßen der größte und dickste Weihnachtsmann und der kleinste Engel von allen nebeneinander auf einem Baumstamm und verspeisten Ostereier.

»Ich liebe Ostern«, erzählte der Mann. »Doch leider wollen die Leute den ganzen Tag mit mir über Weihnachtsbäume und Weihnachten reden. Und jeder wünscht mir zum Schluss ›Frohe Weihnachten‹. Wenn ich doch nur mal einen Auftrag als Osterhase bekäme! Aber dafür bin ich zu groß und zu dick.« Er seufzte. »Habt ihr zu Hause denn schon einen schönen Baum?«

»Überhaupt keinen!«, sagte der kleine Engel traurig und leckte die Schokolade von seinen Fingern. »Wir haben nur einen immergrünen Busch im Vorgarten. Und jetzt muss ich los. Um fünf sing ich in der Kirche im Engelschor mit.«

Da suchte der Weihnachtsmann einen winzigen Baum hervor und stellte ihn vor den Engel hin, dem das Tännchen gerade bis zum Bauch reichte. »Zur Belohnung«, sagte er. »Und nun flieg schnell weiter.«

Der kleinste Engel von allen freute sich sehr über das Geschenk.

»Frohe Ostern!«, rief er dankbar, klemmte das Bäumchen unter den Arm und sauste davon.

Ganz in der Nähe läuteten die Kirchenglocken. Ihr Klang fiel wie Schnee auf den Engel herab und ließ sein Gewand noch weißer schimmern. Es war ihm, als schlüge zwischen dem Glockengeläut die Uhr fünf-mal. Aber Frau Hall hielt sowieso immer erst eine lange Rede an die Zuhörer. Darum war es vielleicht gar nicht schlecht, ein wenig zu spät zu kommen.

Der kleine Engel war jetzt auf dem Marktplatz angelangt und flog am Kaufhaus vorbei auf die hell erleuchtete Kirche zu.

Die Glocken hatten gerade aufgehört zu läuten, als er plötzlich neben dem Kaufhauseingang jemanden bemerkte. Auf dem Boden saß eine Bettlerin, die in Wolltücher gewickelt war. Sie streckte ihm ihren Plastikbecher entgegen, in dem nur wenige Münzen lagen.

»Ich hab bestimmt kein Geld dabei«, keuchte der kleine Engel.

Die Bettlerin richtete sich auf.

»Oh«, sagte sie froh, »ein himmlischer Bote in einem weißen Gewand und mit einem kaputten und einem heilen Flügel!«

Der Engel blieb stehen. Endlich hatte jemand ihn sofort erkannt!

»Ihr Boten seid Begleiter und Helfer der Menschen.
Darum glaube ich, dass auch du mir jetzt helfen wirst«,
sagte die Bettlerin.

Der kleine Engel wurde verlegen. Hastig erklärte er,
dass er schon um fünf in der Kirche hätte sein sollen.
Doch die Bettlerin sprang auf und drückte ihm den
Becher in die Hand, ehe er sich wehren konnte.

»Nur für ein paar Minuten!«, bat sie. »Einem Engel

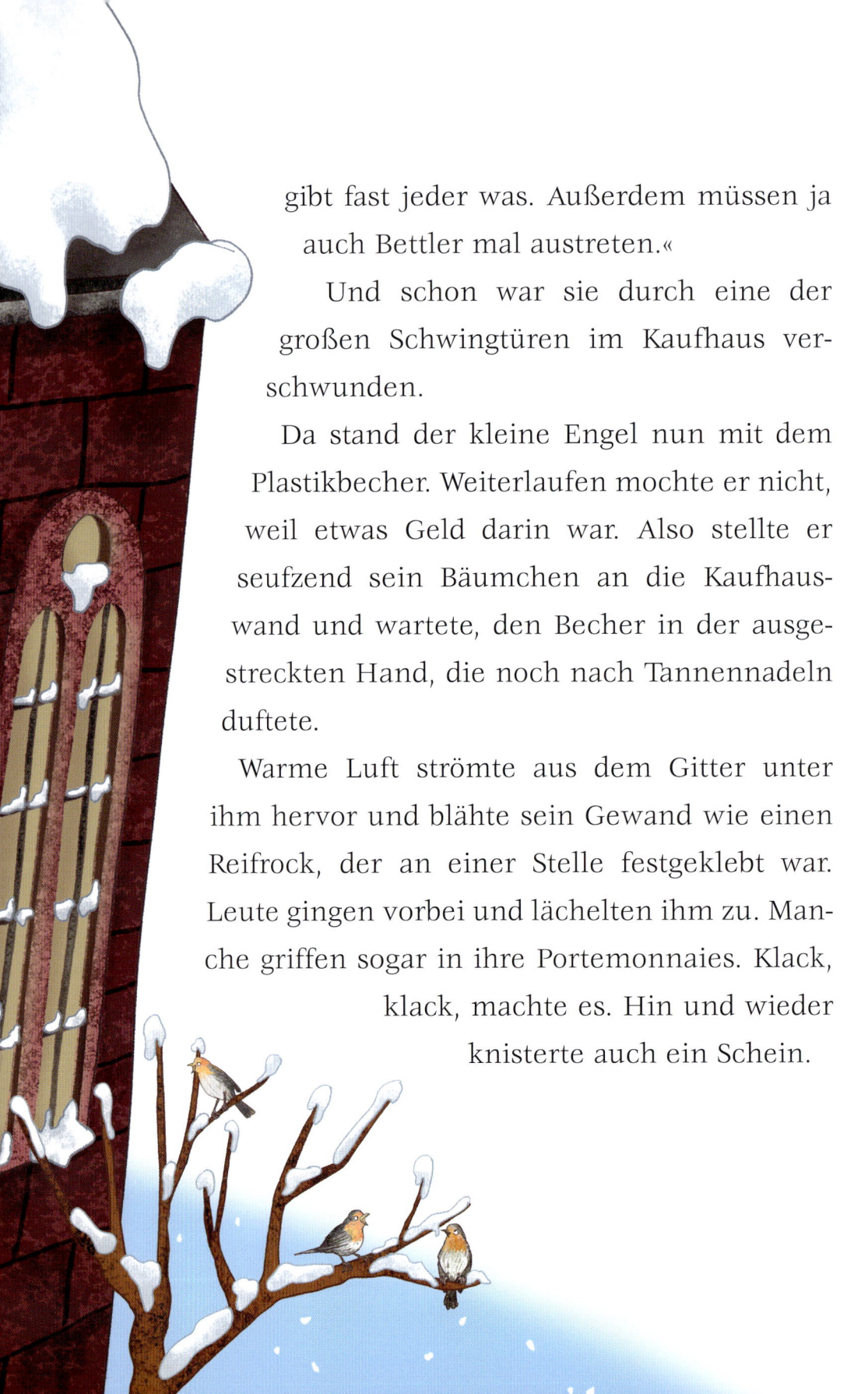

gibt fast jeder was. Außerdem müssen ja auch Bettler mal austreten.«

Und schon war sie durch eine der großen Schwingtüren im Kaufhaus verschwunden.

Da stand der kleine Engel nun mit dem Plastikbecher. Weiterlaufen mochte er nicht, weil etwas Geld darin war. Also stellte er seufzend sein Bäumchen an die Kaufhauswand und wartete, den Becher in der ausgestreckten Hand, die noch nach Tannennadeln duftete.

Warme Luft strömte aus dem Gitter unter ihm hervor und blähte sein Gewand wie einen Reifrock, der an einer Stelle festgeklebt war. Leute gingen vorbei und lächelten ihm zu. Manche griffen sogar in ihre Portemonnaies. Klack, klack, machte es. Hin und wieder knisterte auch ein Schein.

»Danke«, sagte der kleine Engel höflich.

Er fühlte, wie der Becher schwerer und schwerer wurde. Sorge machte ihm nur, dass das Licht hinter den Kirchenfenstern nun gedämpfter war. Wahrscheinlich hatte Frau Hall ihre Rede beendet, die Kronleuchter waren ausgeschaltet worden und der Chor sang im Schein der Kerzen das erste Lied, *Ihr Kinderlein kommet*. Und Polly Puttfarken mit ihren Zahnlücken und ihren krummen Knien hatte sich bestimmt ganz nach vorn gestellt.

Gerade als dem Himmelsboten bei diesem Gedanken Tränen in die Augen stiegen, stand die Bettlerin wieder vor ihm. Nach einem Blick in den Pappbecher jubelte sie laut auf.

»Du lieber Weihnachtsengel du! Jetzt hab ich zwei Tage frei!«

Und sie tanzte um ihren Helfer herum, dass die Wolltücher wirbelten wie ein Ballettrock. Hin und wieder zupfte sie ihn dankbar an seinen gegelten Haarspitzen.

»Bitte nicht«, sagte der Engel und zog das Haar wieder in Form.

Dabei fiel ihm voller Schrecken ein, dass er die gute Erbmütze irgendwo liegen gelassen haben musste. Beim Nachdenken darüber vergaß er ganz, sich von der Bettlerin zu verabschieden, und flog wie ein Pfeil auf die Kirche zu.

Mit aller Kraft stemmte sich der kleine Engel gegen die Kirchentür. Knarrend schwang sie ein Stück auf und er schlüpfte durch die Öffnung. Im Halbdunkel sah er Kerzenflammen an Wänden und Pfeilern flackern. Einige wenige Lampen waren auf den Engelschor gerichtet, der sich vorne vor dem Altar aufgebaut hatte.

Wie schön und fremd die anderen aussahen in den weißen Gewändern! Die meisten hatten richtige Flügel und Polly Puttfarken trug sogar ein goldenes Paar. Das sah der Engel sofort. Denn natürlich hatte sich Polly auf seinen eigenen Platz ganz nach vorn gestellt.

Frau Hall, in einem schwarzen Hosen-
anzug und ganz ohne Flügel, dirigierte gerade das zweite Lied: *Vom Himmel hoch, da komm ich
her.* Es schien dem kleinen Engel, als würde der Chor
es für ihn zur Begrüßung singen, und er fühlte sich
mit einem Mal sehr heilig. Hatte ihm nicht sogar ein
Stern vom Himmel aus zugezwinkert?

Er sauste durch den Mittelgang der Kirche. Im Fluge
zerrte er den Schal ab und ließ ihn neben der Treppe
auf den Boden fallen. In seinen weißen Turnschuhen
sprang er die Stufen hinauf ins Licht.

Frau Hall streifte ihn nur mit einem Seitenblick,

während er sich vor Polly schob. Das Mädchen selbst war zu überrascht, um sich zu wehren. Jetzt stand der kleinste Engel von allen da, wo er hingehörte, und sang aus vollem Halse: *»Ein Kindelein … da, da, da, da.«*

Die hellen Gesichter der Menschen im Kirchenschiff wandten sich ihm zu. Er fühlte, dass sie ihn alle anlächelten, und er lächelte etwas gequält zurück, weil er inzwischen von Polly Puttfarken Kniffe in den Rücken erhielt.

In der ersten Reihe war noch fast eine ganze Bank frei, als wartete sie auf besondere Gäste. An ihrem Ende saß nur eine einzige Person, und zwar sehr aufrecht. Für einen Moment hoffte der himmlische Bote, es sei sein Vater. Aber als seine Augen sich an das Dämmerlicht gewöhnt hatten, konnte er an der straffen Haltung und der Trainingshose mit den weißen Streifen gleich erkennen, dass es Herr Recke, der Sportlehrer, war.

Er hielt etwas in der Hand, auf das er angestrengt starrte. Es war eine Stoppuhr. Jedes Mal, wenn ein

Lied zu Ende war, drückte Herr Recke darauf. Ob er das kürzeste Lied suchte? Oder das längste? Und wer wohl der Gewinner sein würde?

In der Mitte von *In der Weihnachtsbäckerei* öffnete sich die Kirchentür sehr langsam mit einem schwachen Knarren. Ein Persönchen wehte herein, verhutzelt und vertrocknet wie ein welkes Blatt. Es wankte durch die Kirchenmitte und ließ sich vorn auf die Bank sinken. Tante Mila!

Verstohlen winkte sie dem kleinen Engel zu mit Händen, die in roten Kinderhandschuhen steckten. Im Schoß hatte sie eine Keksdose und der Geruch nach verbranntem Zimt begann die Kirche zu füllen wie Weihrauchduft.

Der Chor stimmte das nächste Lied an: *Lasst uns froh und munter* sein. Da knarrte die Kirchentür wieder. Durch den offenen Türspalt hörte man Gebell und dann eine Männerstimme, die brüllte:

»Sitz, hab ich gesagt! Platz, verflixt noch mal! Bin doch gleich wieder da!«

Ohne hinzuschauen wusste der kleine Engel, wer nun den Mittelgang entlangstapfte und sich auf die erste Bank neben Tante Mila plumpsen ließ. Es war Herr Kleister! Er wedelte mit einem weißen Stoffrest herum. Bestimmt war es genau das Stück, das hinten am Gewand fehlte!

Die Unruhe, die durch die beiden verspäteten Besucher entstanden war, legte sich wieder. Für eine Weile vernahm man nur den Chor mit dem Lied *Süßer die Glocken nie klingen*. Die ganz hellen Stimmen und die etwas dunkleren flochten sich ineinander und der Engel gab mit seinem *»da, da, da«* den Takt dazu.

Doch dann – Polly Puttfarken zog den kleinen Engel gerade versteckt an seinem Hemd – gab es plötzlich ein furchtbares Scheppern. Irgendetwas war gegen ein Kirchenfenster geprallt.

Frau Hall hörte für einen Moment mit dem Dirigieren auf und Polly mit dem Ziehen. Alle Engel schwiegen verstört. Die Menschen in den voll besetzten Kirchenbänken murmelten und drehten die Hälse.

Herr Kleister lief mit der Klebetube in der Hand nach hinten, um bei Reparaturen behilflich zu sein. Aber zum Glück war das Fenster heil geblieben. Die Tür knarrte laut und flog auf. Der Himmelsbote stand stocksteif, denn er ahnte schon, wer sich auf solch eine Weise ankündigte.

Und tatsächlich kamen kurz darauf seine Fußballfreunde nach vorn marschiert. Zum Glück riefen sie nicht: »Schnapp den Ball!«

Einer von ihnen hatte den Fußball vorn unter seine Jacke geschoben. Die beiden setzten sich mit ihren *1. FC Superball*-Schals in die erste Reihe, machten dem kleinen Engel ein Victoryzeichen und fingen an, Kaugummiblasen platzen zu lassen. Dazu bewegten sie ihre Füße ruckartig, als schössen sie ein Tor nach dem anderen.

»Ich darf doch sehr um Ruhe bitten!«, sagte die Chorleiterin streng.

Doch zu ihrem Schrecken hatten die Fußballer inzwischen Herrn Recke entdeckt, der sie samstags trainierte und ihnen Gelbe und Rote Karten zeigen konnte, so viele er wollte. Die beiden Fußballer kauerten sich zusammen wie unter einer kalten Dusche und machten keinen Mucks mehr.

Die himmlischen Boten begannen von Neuem mit ihrem Gesang. Sie brachten das Lied von der Stillen

Nacht zu Ende und wurden auch bei *Schneeflöckchen, Weißröckchen* nicht gestört. Als jedoch Frau Hall die ersten Töne von *O Tannenbaum* vorsummte, fiel dem kleinen Engel mit Schrecken ein, dass er sein Tännchen irgendwo angelehnt und vergessen hatte.

Plötzlich knarrte wieder die Tür. Die Sänger warteten gespannt darauf, wer als Nächstes im Lichtschein der Lampen erscheinen würde. Der kleine Engel dachte bei sich, dass es diesmal vielleicht sein Vater sein könnte.

Doch es war eine Art Tuchbündel, das den Gang entlangspazierte und etwas vor sich hertrug. Etwas, das glänzte und glitzerte wie ein … Ja, tatsächlich, wie ein Tannenbäumchen!

Der kleinste Engel von allen konnte gerade noch einen Jubelruf unterdrücken. Die Bettlerin! Sie setzte sich vorsichtig neben die Fußballfreunde und stellte den winzigen Christbaum auf ihre Knie. Er war über und über mit bunten Kugeln geschmückt und auf seiner Spitze thronte ein Stern, der genauso hell strahlte wie das Gesicht der Bettlerin.

Aus vollem Herzen sang der Engel das Tannenbaum-Lied mit. Sogar ein paar Worte fielen ihm in seiner Freude wieder ein: *»O Tannenbaum, o Tannenbaum, du kannst mir sehr gefallen.«*

Er würde das geschmückte Bäumchen am Heilig-abend ins Wohnzimmer tragen. Wer einen Christbaum mitbrachte, der brauchte gar keine anderen Geschenke mehr zu besorgen.

Es war nicht so, dass es zu Hause an Weihnachten überhaupt keinen Schmuck gab. Im letzten Jahr hatten sie eine rote Papierpyramide mit Leuchtketten aufgestellt, die seine Mutter aus Ägypten mitgebracht hatte.

Im Jahr davor hatten 24 sibirische Kerzen auf dem Fensterbrett geklebt. Die waren nach und nach zu einem See aus Wachs zusammengeschmolzen, der die Blumentöpfe miteinander verbunden hatte.

Aber einen richtigen kleinen Tannenbaum, der

pikste und gut roch und so geschmückt war, wie Tante Mila es von früher erzählte, den hatte es noch nie gegeben.

Gerade als der Chor der Engel *Morgen kommt der Weihnachtsmann* anstimmte, öffnete sich die Tür mit einem gewaltigen Knarren. Ein enorm großer und enorm dicker Mann polterte herein, und noch ehe der kleine Engel ihn genau erkennen konnte, wusste er, dass es sein Weihnachtsmann war.

Niemand sonst würde mit so mächtigen Stiefeln durch die Kirche trampeln und dabei einen langen roten Mantel tragen.

›Aber irgendwas ist anders an ihm‹, dachte der kleine Engel. ›Was ist es nur? Natürlich, die Mütze! Er hat nicht seine Zipfelmütze auf, sondern unsere Fellmütze mit den Ohrenklappen. Damit sieht er fast aus wie ein Osterhase!‹

Der Weihnachtsmann zwängte sich neben die Bett-

lerin in die nun voll besetzte erste Reihe, band die Ohrenklappen hoch und lauschte andächtig dem Konzert. Doch er war nicht allein gekommen.

Hinter ihm schritten zwei weitere Besucher den Gang entlang nach vorn. Der Engel reckte den Hals. Zuerst sah er eine braun gebrannte Frau in einem geblümten Sommerkleid und mit einem weißen Verband um den Kopf. *Flip-flop* machte es, während sie ging, das kam von den Flipflops an ihren nackten Füßen. Ihr folgte ein Mann mit einer besonders großen Brille. Mit einer wahren Eulenbrille, um genau zu sein.

Der kleinste Engel von allen kannte nur eine Person, die solch eine Brille trug: seinen Vater. Und die Frau ähnelte auf merkwürdige Weise seiner Mutter. Sie winkte erst Tante Mila, dann warf sie dem kleinen Engel eine Kusshand zu.

Der himmlische Bote machte einen winzigen Luftsprung. Es war wahrhaftig seine Mutter, und sie war gerade noch rechtzeitig gekommen, um die letzten Lieder zu hören! Doch was war mit dem Verband? Vielleicht – dem kleinen Engel stockte der Atem –

hatte ihr tatsächlich ein Affe eine Kokosnuss auf den Kopf geworfen.

Seine Eltern nahmen sich zwei Klappstühle und setzten sich ganz nach vorn neben die Kirchenbank. Dann beugte sich sein Vater zum Weihnachtsmann und deutete vorwurfsvoll auf die Fellmütze. Der Dicke zog sie vom Kopf, wodurch seine Zipfelmütze zum Vorschein kam, und reichte sie herüber.

Der Engel beobachtete, wie sein Vater vorsichtig die Erbmütze über den Kopfverband seiner Mutter stülpte. Tante Mila reichte ihr die roten Handschuhe herüber, denn in Kirchen ist es im Winter ziemlich kühl. Und Herr Recke sprang in guter Haltung von der Bank, sammelte den Fußballschal des kleinen Engels auf und legte ihn seiner Mutter so sorgfältig um den Hals wie eine Medaille.

Derart warm eingepackt sah sie zusammen mit ihrem Sommerkleid und den Flipflops wie eine Forscherin aus, die an einem heißen Sommertag in der Antarktis unterwegs ist. Der himmlische Bote war sehr stolz auf sie.

Der Chor begann mit *Kling, Glöckchen, klingelingeling.*
Frau Hall war eine Frau, die ein Konzert trotz aller
Unterbrechungen immer und überall zu Ende führt.
Sie bewegte energisch ihren Taktstock und der kleins-
te Engel von allen sang und war glücklich.

Ihm schien, als ginge von seinem Gewand, ange-
brannt, festgeklebt und zerlöchert, wie es war, trotz

allem ein Leuchten aus. Und es wurde ihm wieder so heilig zumute wie in dem Augenblick, als er die Kirche betreten hatte.

Gerade jetzt wurde ein Lichtstrahl von den väterlichen Brillengläsern auf ihn zurückgeworfen wie ein kluger Gedanke. Dem Boten fiel ein, was sein Vater gesagt hatte: »Engel sind hilfreich und gut.«

Hilfreich war er heute schon gewesen, aber gut? Wie wäre es, überlegte er, wenn er Polly Puttfarken für das allerletzte Lied wieder an den vordersten Platz lassen würde?

Doch auch die Güte der Engel hat Grenzen gegenüber Leuten, die ein gesamtes Konzert über von hinten ziehen und kneifen. Deswegen trat der himmlische Bote nicht hinter Polly zurück, sondern neben sie. So standen sie als die zwei kleinsten Engel von allen nun Seite an Seite ganz vorne.

Polly war vollkommen überrascht. So überrascht, dass sie zu singen aufhörte und ihren Mund schloss, was wegen ihrer Zahnlücken auch besser war. Ihre kleinen Augen strahlten, ihre Wangen begannen sich zu röten, und so gab sie zusammen mit ihren goldenen Flügeln sogar einen einigermaßen annehmbaren Engel für die erste Reihe ab.

Auch wenn natürlich weiterhin feststand, dass sie nicht die Allerkleinste war.

Frau Hall nickte dem Boten freundlich zu, und auf einmal fielen ihm die Verse des Schlussliedes ein: »*O du fröhliche, o du selige, gnadenbringende Weihnachtszeit!*« Die Menschen in der Kirche standen auf und sangen mit.

In ihrer Freude, nicht mehr stillsitzen zu müssen,

liefen die Fußballer zur Kirchentür und öffneten sie weit. Da aber erschien der allerletzte Besucher dieses Abends. Bei *Himmlische Heere jauchzen dir Ehre* stürzte er zur Tür herein und raste durch den Mittelgang nach vorn.

Es war Knuff-Knuff, dem es endlich geglückt war, sich loszureißen. Er schenkte den Gewändern der Engel keinen Blick, sondern stürzte sich auf Herrn Kleister und warf ihn vor Begeisterung auf die Bank zurück.

Als das Lied verklungen war, herrschte einen Moment feierliche Stille, nur unterbrochen vom Freudengejaul des Hundes. Dann begannen die Zuschauer, begeistert zu klatschen. Die Engel stellten sich nach Größe geordnet zu zweit nebeneinander auf und schritten durch den Mittelgang aus der Kirche hinaus. Dabei sangen sie *Tragt in die Welt nun ein Licht*. Der himmlische Bote versuchte trotz aller Heiligkeit, immer einen Schritt schneller zu sein als Polly. Hoffentlich glaubten seine Fußballfreunde nicht, er sei nun mit ihr befreundet.

Draußen leuchteten
Schaufenster, Straßenlaternen und
Lichterketten durch die Finsternis. Der Schneeregen
hatte aufgehört, stattdessen sank Glockengeläut wieder wie Flockengestöber von oben herab.

Der kleine Engel legte den Kopf in den Nacken und
bemerkte, dass alle Wolken verschwunden waren.
Der Himmel war pechschwarz, und der abnehmen-
de Mond schimmerte kalt wie ein Hufeisen, umgeben
von unzähligen Sternennägeln.

›Wenn ich wirklich ein Bote des Himmels wäre‹,
dachte der Engel, ›und jetzt dort hinaufmüsste, würde

ich mich sehr einsam fühlen. Vielleicht würde ich sogar lieber Polly Puttfarken mitnehmen, als ganz allein zu fliegen.‹

Aber gerade, als er nach einer Frau mit Fellmütze und Flipflops und nach einem Mann mit Eulenbrille Ausschau halten wollte; gerade, als ihm kalt wurde und er die Schultern mit der heilen und der gebrochenen Gänsefeder fröstelnd hochzog – gerade da blinkte etwas am Himmel auf, erlosch und blinkte wieder.

War es eine Sternschnuppe? Oder ein Flugzeug auf seinem fernen Weg durch die Nacht? Doch das Blinken blieb immer an derselben Stelle, wie ein Zeichen, das jemand von weit her gab. Plötzlich wurde es dem kleinen Engel wundersam warm ums Herz.

Es war sein Stern! Sein Stern zwinkerte ihm zu. Und der kleinste Engel von allen lächelte, kniff ein Auge zu und zwinkerte zurück.

Kähler-Timm, Hilde/Korthues, Barbara:
Der kleinste Engel von allen
ISBN 978 3 522 30661 4

Text: Hilde Kähler-Timm
Gesamtausstattung: Barbara Korthues
Einbandtypografie: Doris Grüniger, Buch und Grafik, Zürich
Innentypografie: Tanja Haaf
Reproduktion: Schwabenrepro, Stuttgart
Druck und Bindung: Livonia Print, Riga

Engel für alle Fälle

Erwin Grosche · Barbara Korthues
24 Engel für die Weihnachtszeit

112 Seiten · Hardcover
ISBN 978-3-522-30612-6

Noch 24 lange Tage bis Weihnachten! Wie sollen sie das nur aushalten, fragen sich Lotta, Florian und Kalle. Zum Glück weiß ihr Nachbar Rat: Es gibt doch für alles einen passenden Engel. Ein Engel, der beim Warten hilft, wäre tatsächlich toll oder ein Schnee-Engel, damit es endlich schneit. Ob das wohl stimmt? Für jeden Tag des Advents eine Engelgeschichte als Wartezeitverkürzer.